LES INSULTEURS DE LA PRESSE

15 centimes

DE LA

par Louis ARIST

EN VENTE

Chez ARMAND, 20, rue du Croissant.

Imp, Turfin et Juvet,

LES
INSULTEURS

DE LA PRESSE

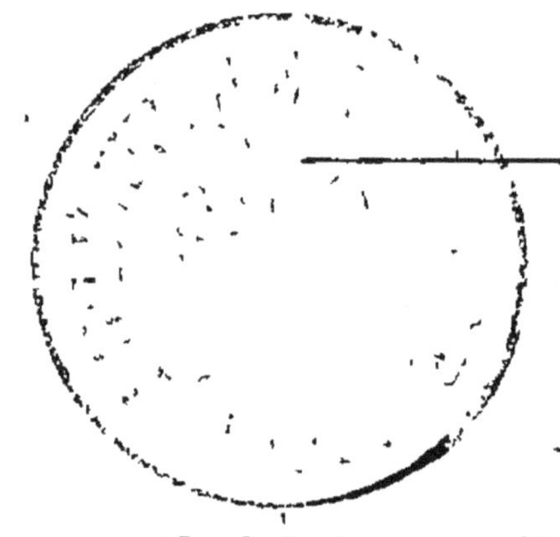

Quousque tandem ?...

Ma foi, je vous l'avouerai très-carrément dès la première ligne : j'aime la Pologne, mais je n'aime pas les Polonais.

Ces gens-là sont avides et ingrats.

Nous leur avons ouvert notre caisse ; ils y ont puisé jusqu'à indiscrétion et ils ont récompensé notre don quichottisme ingénu par un appétit de plus en plus inextinguible, inconsidéré, malséant et de mauvaise humeur.

Ils traitent la France en pays conquis et ils nous *la font à la commisération.*

Donne-t-on un dîner quelconque ?

Quête pour les nobles Polonais !

Organise-t-on un bal ?

Quête pour les nobles Polonais!

Réunit-on quatre violons et un fifre dans un
ncert?

Quête pour les nobles Polonais!

Y a-t-il un baptême, un mariage, un enterre-
ent?

Quête pour les nobles Polonais!

Sans doute, les Polonais de la noble Pologne
ont toujours pour nous de nobles polonais;
is cet argent prélevé sur la charité publique
serait-il pas mieux utilisé si on l'affectait au
ulagement des indigènes nécessiteux? Les ha-
ants des Landes et du Jura valent bien, ce
semble, les Polonais de la noble Pologne, et
x, du moins, ne nous donneront jamais ni des
amir, ni des Berezowski.

*
* *

Voilà mon opinion sur la noble Pologne et sur
nobles polonais.

C'est aussi probablement la vôtre.

Passons.

*
* *

Rochefort allume sa *Lanterne.*

La vogue s'en mêle, et immédiatement une infi-
é de petits messieurs voulant profiter de l'en-
uement du public, se demandent *in petto* : « Mais
urquoi n'aurais-je pas aussi ma *Lanterne?* »

Et le lendemain on voit poindre aux quatre

coins de Paris la *Chandelle*, la *Petite lanterne*, l
Lampion, le *Réverbère*, le *Falot*, etc., etc.

Tous ces fœtus, blancs, jaunes, bleus, violets
multicolores, ces avortements de cerveaux mala
difs et de plumes de contrebandes, bien que n'ayan
ni le parfum, ni l'éclat des roses, n'ont heureuse
ment vecu qu'un matin.

Il est étonnant qu'en France un homme d'es
prit ne puisse avoir une idée sans qu'elle lui soi
immédiatement volée comme dans un bois. On l
copie, on le pastiche, on le pille; mais perce
toutes ces vessies d'imitation et il n'en sortir
que du vent.

Si ces frelons ont eu un quart d'heure de suc
cès, ils le doivent bien moins certes à leur propr
valeur qu'à la lumière projetée sur eux par le
éclatants rayons de la *Lanterne*.

Ils ont joué au Rochefort comme les enfant
jouent aux soldats.

Dans cette éclosion spontanée de follicules, qu
trouve-t-on? Beaucoup d'huile et de suif, si on e
juge par les titres et le papier; fort peu de se
d'originalité et d'humour, lorsqu'on a assez d
constance et de dévouement pour lire jusqu'a
bout.

De ces élucubrations, les unes ne sont tou
simplement qu'un ramassis de faits-divers, d
rimailleries mirlitonesques, de chroniques théâ
trales, de bons ou mauvais mots, une *remise*
neuf de vieilles nippes, un solde de bric-à-bra
littéraire.

es autres sous le fallacieux prétexte de répon-
aux besoins du moment, n'ont eu d'autre
réel que de satisfaire des *vendetta* person-
es et de jeter dans les vitres de la *Lanterne* des
és et des détritus.

iter toutes les inepties amoncelées dans ces
2 serait leur faire beaucoup trop d'honneur.

ous avons là, gisants mornes et tristes sur
re table, tous ces petits cadavres qui commen-
t à tomber en décomposition.

ouillons au hasard dans ce tas faisandé, et du
t des doigts, retirons-en cette phrase qui peut
ner une idée de la valeur de ces fabricants
puscules.

la page 31 de l'*Homme à la lanterne*, M. Jean-
-*Peur*, à propos des cent mille lecteurs de Ro-
fort, s'exprime en ces termes :

Non, quatre cent mille mains ne se lèveront pas
r fermer une seule bouche. Un tel acte de despo-
e serait puéril de la part de cent mille libéraux. »

uatre cent mille mains pour cent mille indi-
us. Où diable M. Jean-sans-Peur a-t-il vu des
s bâtis de la sorte. Nous prendrait-il pour des
drumanes ou des Briarée?

ette surabondance de membres chez une même
sonne me rappelle certaines péripéties d'un
an bien connu où le héros, « de la main droite,
e cramponne-au bordage d'un navire, de la

» main gauche enlève son amante et *de la m*
» *qui lui restait libre* enfonce un long poign
» entre la sixième et la septième côte du ra
» seur. »

O vicomte, qu'avez-vous fait là !

Si j'étais Ponson du Terrail, j'intenterais im
diatement à M. Jean-sans-Peur un procès en c
trefaçon.

Laissons la *Chandelle* couler, la *Petite lant*
brulôter, la *Veilleuse* vaciller, le *Lampion* crépi
le *Réverbère* réverbérer, le *Falot* falôter, les *A*
chettes se moucher, l'*Eteignoir* éteindre le tou
et arrivons-en à ces brochures que, dans un a
de rage impuissante et grossière, de problém
ques individus viennent de baver sur Rochef

*

* *

Le public, habitué à l'orgeat des journaux s
disant libéraux, s'est trouvé tout surpris et t
réjoui lorsque, dans ce dulcoreux breuva
Rochefort est venu verser quelques gouttes d'
sinthe, pour en relever la fadeur.

On a souvent dit que rien n'est plus diffi
que de mettre en jeu l'amour-propre de ses co
toyens. Il est pourtant une chose plus diffi
encore, c'est de mettre en jeu l'amour-propre
Monseigneur le Gouvernement, et surtout des
rasites qui... vous connaissez tous la fable
Renard et du Corbeau.

M. Édouard Laboulaye a dit avec raison :

« L'autorité française aime assez qu'on la censure, ais il faut préalablement lui en demander l'autorisa- on. »

Cette autorisation M. Rochefort l'a demandée. e gouvernement la lui a accordée parce qu'il e pouvait faire autrement ; mais je suis per- iadé qu'on eût avec joie émaillé d'un ruban uelconque la boutonnière du vaillant écrivain si, u lieu d'éclairer sa *Lanterne* à Paris, il eût con- nti à s'en aller fonder sa feuille au Monomotapa u ailleurs.

Mais c'est à Paris qu'il a planté sa *Lanterne*.

Depuis longtemps déjà M. Rochefort avait su nquérir au *Figaro* les bonnes grâces du public ar l'indépendance de ses idées, l'esprit et la vi- ueur de son style.

Quoi d'étonnant alors qu'on attendit avec im- atience la naissance de son journal ? Avant ême qu'il ne parut on savait ce qu'il devait re — l'expression nette et franche des opinions u parti démocratique.

Et le résultat n'a point trompé notre attente.

Jamais, en effet, depuis l'époque où le Vigneron e Veretz cinglait les reins de la Restauration, où jardinier de Nice déchaînait sur la société de iillet son essaim piquant de guêpes, jamais, epuis lors, plus nerveux écrivain ne fit siffler s lanières de la critique sur le dos charnu des bus et des préjugés.

Au fond de cette société si légère, si folâtre
si insouciante à la surface, il y a des moncea
de vase, d'inextricables réseaux d'herbes so
marines, au milieu desquels grouille un peu
rampant de batraciens avides, hideux, repo
sants.

Le hardi lanternier est descendu avec cour
dans ces bas fonds visqueux. Il a jeté la lumi
sur ces mondes équivoques, sur ces horre
cachées.

On ne vit pas — vous savez où — d'un
insoucieux les sympathies considérables que
bouillant écrivain s'était acquises en levant
drapeau de la vérité. Les ténèbres ont aujourd'h
leurs prêtres et leurs sergents comme le feu sa
avait autrefois ses vestales. Chacun vit de s
mieux, exploiteurs et exploités. Dans l'antag
nisme de la vie c'est au plus fort ou au p
habile. Le rédacteur de la *Lanterne* est *fort* par
les forts ; on lui a opposé deux *habiles* par
habiles.

Voilà le mot de l'énigme et la clef des aboiemer
lancés contre Henri Rochefort par deux broch
riers insulteurs.

*
* *

Et quels sont ces insulteurs ? Quelles sont c
brochures ?

Les insulteurs s'appellent Charles de Bussy
Alexandre de Stamir.

es brochures s'intitulent : *les Impurs du Figaro,*
s de *Rochefort, Rochefort l'assommeur,* escortées
'Inflexible et de sa triple *avant-garde.*

h bien ! sérieusement, en honnête homme qui
especte et qui respecte les autres, je fais appel
conscience de tous les gens de bien ; j'invite
e répondre tous les âges, tous les rangs et
les partis politiques ; je demande le vote
amis, des ennemis et des indifférents ; j'in-
oge l'opinion intime de tous ceux qui savent
prendre et juger l'humanité : Y-a-t-il une
e ligne dans *les Impurs du Figaro* qui puisse
peler la pureté de leur auteur ?

e *Figaro,* dont je n'aime, d'une manière ab-
e, ni les allures cassantes, ni les tendances hy-
les, possède cependant un groupe d'écrivains
ns de sève et de courage. Au milieu des jour-
x démocratiques et des feuilles officieuses,
t le seul qui soit réellement une force. On le
que, parce qu'on le craint. Révolver, bâton,
ames cuites, on a déchaîné contre lui tout
senal de l'envie et de la haine; et, ne pouvant
r le colosse, on a pris le parti de démonétiser
à un chacun de ses rédacteurs. Hier, c'était le
r de Wolff; aujourd'hui, Duchesne; à de-
in, Georges Maillard, Duvernoy et Blavet. De
rivain, point on ne s'occupe ; mais on scalpe
omme privé, on fouille sa vie intime, son passé,
débuts dans la carrière épineuse des lettres,
on lui rejette cyniquement à la face ou des cri-
s d'enfant ou des peccadilles d'imberbe. Toutes

ces plumes ardentes et viriles, tout ce talent pri-
mesautier, tout ce pétillant bataillon d'esprit
gaulois et de verve, c'est de la « *clique immonde* »
et c'est de la « clique immonde » parce que ce
groupe a souci de son entourage, ferme sa porte
aux rachitiques et ne chante pas à tout venant le
dignus es intrare!

Piètres arguments et singulier moyen de pré-
tendre déconsidérer un journal en jetant des im-
mondices à la tête des hommes qui coopèrent à
son quotidien enfantement.

** **

D'ailleurs, quelles garanties nous offrent ces
violentes objurgations de MM. Marchal et Stamirowski?

Que sont ces deux immaculés qui déploient
flamberge au nom de la morale et de la vertu?

Déshabillons-les un brin.

** **

« *Chacun n'est véritablement que ce qu'il est dans
le fond de son cœur,* » a dit saint Augustin. Or, je
crois qu'il serait assez curieux et en même temps
très-difficile de savoir ce qu'est, au fond de son
cœur, M. Marchal, le républicain farouche, de-
venant au besoin l'ascète Ch. de Bussy.

Le cœur faisant partie du corps, le corps faisant partie de la vie privée, et la vie privée devant rester mûrée, nous nous abstiendrons de
porter le spéculum dans le cœur de ce mou-

eur, d'autant qu'il y fait probablement si noir,
l'on n'y doit rien voir du tout.

Pardon ! je me trompe... en y regardant bien,
n doit y apercevoir de temps en temps quelques
ontractions...

Par exemple, lorsque l'auteur de la « *Famille
Orléans* » relit le soir, avant de se coucher, la
azette des Tribunaux ou le *Droit* de 1845, 1846,
vril et octobre 1851.

Que voulez-vous ? — L'homme n'est pas par-
it !

Il y a comme cela, dans l'existence des gens,
es années, des dates, des jours que les anciens
arquaient en noir, et que l'on stigmatise au-
urd'hui d'une croix au crayon rouge.

En somme, que M. de Bussy aie dans sa vie
utant de croix qu'un maréchal de France en a
r la poitrine ; qu'il n'aie rencontré sur sa route
e des beautés faciles ou des beautés rebelles ;
'il se nourrisse de pommes de terre comme un
appiste ou de chapons truffés comme un évê-
e ; qu'il aille bigottement s'agenouiller dans un
nfessionnal quelconque ou cascader au bal
onstant ; en un mot, qu'il aie fait ou fasse maté-
ellement selon son bon plaisir, de tout cela
ous n'avons nul souci, les faits et gestes de « la
te » selon l'expression de Pascal, ne nous in-
ressant que fort peu.

Comme homme, nous ne le connaissons ni ne
sirons le connaître ; mais comme écrivain nous
conaissons malheureusement trop. Sous cet

aspect, il nous appartient, il appartient au public

Un jour — il y a déjà pas mal de quinze août de cela, — M. de Bussy aperçut à l'étalage d'un fripier, une longue lévite ex-noire, ex-neuve, ex-propre dont la coupe ne manquait pas d'un certain cachet de sacristie.

— Tiens! se dit-il, une ancienne redingote de Veuillot!

Et vite de l'acheter, de l'endosser et de se draper dans ses longs pans.

Pour comble de bonheur, en fouillant dans les immenses poches du vêtement il découvrit,... devinez quoi?...

Un joli petit volume relié en maroquin, et oublié par le précédent propriétaire.

Ce volume avait pour titre :

DICTIONNAIRE POISSARD

A L'USAGE DES DÉFENSEURS

du Canon de l'Eglise

M. de Bussy bondit de joie. Il faillit en embrasser le fripier. Mais tout bien considéré, il se contenta de lui offrir chez le marchand de vins du coin, un *cannon* qui, pour avoir été baptisé à Bercy, n'avait cependant rien de catholique.

Ce jour-là, sa vocation fut irrévocablement fixée.

Il se jura à lui-même de marcher sur les traces de l'illustre premier-propriétaire de la redingote, et il commença par élaborer une foule de brochures religieuses *hautement* estampillées et destinées à servir de pâture aux pensionnats de jeunes filles.

Puis, un beau matin, il se mit à feuilleter le fameux dictionnaire et à faire pleuvoir sur ses contemporains une giboulée d'épithètes du dernier bon goût.

(Voir pour plus de détails toutes les petites malpropretés citées plus haut.)

Allons! Frontin paré des habits de ton maître, tu as beau vouloir nous *la faire à la Veuillot*; nous voyons tous poindre le bout de ton oreille!

M. de Bussy nous apprend lui-même — et il a soin de le crier bien fort — qu'il a pondu, couvé et fait éclore une trentaine de volumes.

Je n'ignore pas qu'il est des esprits grincheux pour qui la quantité est peu de chose, la qualité beaucoup, et dont la devise est celle-ci :

« Peu, mais bon! »

A ces gens là, M. de Bussy fait la nique.

Que lui importent le sujet, les idées, les opinions pourvu qu'il encaisse? Chauve-souris abjecte, il panégyrise suivant l'heure, ou les membres de la Convention, ou les émigrés de Coblentz. C'est le même moule de louanges et d'insultes. D'insultes surtout, car elles se paient cher. M. de Bussy en tient boutique ouverte; il en a pour tous les goûts, pour tous les prix : Ereintements à forfait, haines sur commande, éclaboussures au comptant, etc.,... etc.,...

Tout cela rapporte, il est vrai, plus d'argent que de considération; mais l'allégorie de la ceinture dorée et de la bonne renommée est une si vieille histoire! Aussi ne serais-je nullement surpris d'apprendre que le sire de Bussy possède au dessus de son encrier une petite pancarte avec l'inscription suivante :

PLUMES
à
VENDRE OU A LOUER

L'*alter ego* de M. Ch. de Bussy dans son échauffourée contre Rochefort est M. — éternuez s. v. p. — M. Stamirowski.

Long, maigre, imberbe, c'est un de ces soldats que la campagne du Mexique nous a renvoyés avec un ruban à la boutonnière.

Des certificats dont il inonde l'*Inflexible*, point ne m'occuperai. Je ne me suis pas outre mesure énamouré du casier judiciaire d'Oreste, et je ne troublerai pas davantage Pylade au milieu de la jubilation que lui procurent les lauriers estampillés d'outre mer.

Occupons-nous de l'écrivain.

Besogne facile, car à son actif je trouve :

NÉANT

comme au dossier correctionnel de Gill.

M. Stamirowski, du reste, ne doit pas entretenir en lui l'illusion de la moindre prétention litté-raire. Sa plume est un badigeon à gros crins et il remplit son encrier à l'égout qui passe devant l'imprimerie Rochette.

Ça suffit à son ambition.

Point d'idées, point de goût, point de style...

Je me trompe.

M. de Stamir possède lui aussi son petit diction-naire des halles et il rend dignement la réplique à son compère « *fort-en-gueule.* »

Exemple entre mille :

Le noble Polonais de la noble Pologne et l'extra-rouge républicain Marchal — en religion frère de Bussy — veulent-ils faire quelques risettes à un journaliste ? Un, deux, trois !... Ça y est !... La digue s'ouvre. Écoutez et sentez.

« Petit crétin... Journaliste haineux... Cancres... Clique immonde... Bande d'ignobles compères... Escrocs, sales rabins, infâmes diffamateurs, pourris, vénimeux et lâches... Avorton hargneux, amas fétide d'humeurs noires... Vicieux abject, flétris, dégoutant, lacenaire de plume... Indécrottables... Petits gre-dins... Vipère grotesque... Personnages bien mépri-sables... Plat coquin... Tête de pion révoqué... Lou-che et lubrique assassin de la plume... Cruche d'ini-quité... Forban... Enrôlé dans l'armée des bri-gands... »

J'en passe et des meilleurs, car pour citer tous les chardons de ce bouquet il me faudrait relire l'*Inflexible* — ce qui ne me semble pas indispensa-ble à mon bonheur.

*
* *

J'ignore si le Comité polonais résidant à Paris approuve les insolentes bravades de M. Stamirowski, et cette pseudo-littérature que le médaillé du Mexique couvre habituellement de son inséparable gourdin; quant à nous, enfant de France, nous déplorons que notre hospitalité prodigue soit si mal récompensée, qu'elle serve à souiller la langue et à insulter des Français, par des accouplements d'expressions et d'idées que les pamphlétaires de bas étage les plus décriés n'eurent jamais osé employer.

*
* *

La France assiste en ce moment à un spectacle qui assombrit le front des philosophes.

L'esprit public, encouragé par l'éclosion subite de journaux libéraux, a secoué sa torpeur.

On lit et on discute.

Excellent augure!

Mais ce réveil de l'opinion, ce *sursum corda* de la foule se trouve arrêté dans son épanouissement novice par des faiseurs et des malveillants, qui se sont octroyé un sinistre apostolat.

Leur rôle souterrain est de faire dévier la pensée du peuple, de l'engager dans le chemin le plus long, de lui masquer le but en l'intrigant par des incidents scandaleux.

Point de moyens qu'ils n'emploient!

Clabauderies, diffamations, souillures, tout leur est bon, pourvu qu'ils gagnent du temps et uassent autour d'eux les naïfs et les badauds.

On dépense des flots d'encre; on noircit des
ontagnes de papier ; on fait passer les nuits aux
pographes, aux brocheuses, aux afficheurs et
x vendeurs ; on ricane, on aboie, on hurle, on
ppose la double bosse de Polichinelle, ou l'au-
ole mystique du Précurseur; on propose le
up de poing sur le trottoir et l'on crie en-
ite : « à l'assassin ! »

Et le peuple, crédule comme tout ce qui est
nnête, arrête sa marche et écoute les spadas-
ns.

Temps perdu !

O peuple ! sans prêter l'oreille à tous ces bruits
uivoques, à toutes ces voix inconnues qui ont
ré ta perte, marche !... Le but est là !... Encore
n pas pour l'atteindre !... Marche !... Voilà la
mière et la vérité.

*
* *

Accusés Stamirowski et Marchal, la cause est
tendue.

Allez-vous asseoir !

Sinon, gare aux sifflets de la galerie.

Louis ARISTE.

Paris. — Imp. Turin et Ad. Juvet, 9, cour des Miracles.

9 782011 766472